한해경 두 번째 시집

나무 마네킹

창조문예사

 시인의 말

내가 뿌린 삶의 편린들

색색 조각보 위
詩로 다시 태어났습니다

실로암
맑은 물 길어 올리듯
참된 시인으로 살겠습니다

2024년 봄
한해경.

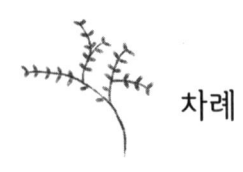 차례

시인의 말　　　　　　　　　　3

1부 ♧ 간밤 지나간 비

정처　　　　　　　　　　　11
나무 마네킹　　　　　　　　12
미니 겨울잠　　　　　　　　14
마중물　　　　　　　　　　16
'고요'라는 말　　　　　　　　18
카톡으로 오는 눈　　　　　　20
봄의 전령사　　　　　　　　22
퍼즐 맞추기　　　　　　　　24
깡통 철학　　　　　　　　　26
생각의 집 한 채　　　　　　　28
초대하지 않은 손님　　　　　30
추억을 굽다　　　　　　　　32
간밤 지나간 비　　　　　　　34
우족　　　　　　　　　　　36
세탁기 사용설명서　　　　　38
아버지의 자전거　　　　　　40

2부 ♣ 허공에 나부끼다

가시오가피나무	45
사금파리 훈장	46
옹이	48
헬로우, 감나무!	50
헐렁함의 미학	52
발효는 나의 힘	54
어처구니가 없네	56
허공에 나부끼다	58
밑줄 릴레이	60
보자기 패션	62
브레이크 타임	64
낱말이 모여	66
나 혼자 데이트	68
생각의 섬에 간다	70
튀밥	72
눈의 탄생	74

3부 ♣ 어머니라는 거울

거짓 같은 참	79
모자람의 쓸모	80
물음표(?)를 펴면 느낌표(!)	82
시에게	84
권태탕	86
어머니라는 거울	88
휴休	90
New 드라이크리닝	92
스틸 라이프	94
우울주의보	96
순금의 시간	98
테트라포드	100
맥문동이어라	102
간헐적 게으름에 대한 짧은 변명	104
복숭아 계절	106
청바지 인류학	108

4부 ♣ 시, 파랑새를 찾아서

서초동 현자	113
정크아트(Junk Art)	114
한 마리 낙타처럼	116
간장	118
낙엽 부고	120
이클립스의 시간	122
고무나무 발전소	124
악기 감별기鑑別記	126
안과 밖	128
골목 의자의 독백	130
얼다와 녹다 사이	132
시, 파랑새를 찾아서	134
지퍼	136
예쁜 도둑들	138
고요라는 작은 새	140
눈꽃	142

한해경 시집을 읽는다 |
바이올린 현 위에서 조율된 시_ 이영식(시인)   143

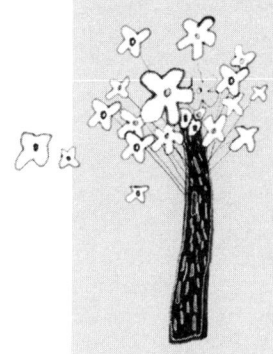

1부
간밤 지나간 비

정처 • 나무 마네킹 • 미니 겨울잠 • 마중물
'고요'라는 말 • 카톡으로 오는 눈 • 봄의 전령사
퍼즐 맞추기 • 깡통 철학 • 생각의 집 한 채
초대하지 않은 손님 • 추억을 굽다 • 간밤 지나간 비
우족 • 세탁기 사용설명서 • 아버지의 자전거

정처

눈사람

얼다, 녹다
비우고 가벼워져
흔적도 없이 사라지는
그는

눈인가
사람인가

처소도 없이
숯덩이 몇 개가
전 재산

눈물 한 방울 남기지 않았다

나무 마네킹

계절의 옷 벗어던지고
알몸 된 겨울나무들
런웨이 마친 모델처럼 서 있다

깡마른 체형
꽃무늬 속에 가리고 숨겼던
비정규직의 상처들
암 덩이 같아서 꼭꼭 감쌌던 치부까지
알몸으로 드러났다

봄 패션으로 연두 입고
초록 무성한 계절 퍼 날랐는데
튼실한 열매는커녕
팔뚝도 없는 토르소라니!

계절의 패션쇼에
홀린 듯 침 흘리던 호객들
너나없이 떠나버리고
텅 빈 쇼윈도 뚜벅뚜벅 걸어 나온

저 여자를 보라

고독한 성자로 서 있다

미니 겨울잠

빨간 벨벳 도톰한 꽃잎
아마릴리스가 긴 나팔 거두자
화려했던 시절도 목을 꺾고
사정없이 스러진다

구근의 겨울잠
화분 속에서 동안거에 들었다
박쥐, 개구리, 고슴도치……
겨울이면 저만의 동굴로 들어가
트로퍼*에 빠지는데
어둠과 고요의 아늑함이랄까!

동안거족들
아무 일도 않고
몇 달 먹거나 마시지도 않은 채
수행 정진해야
다음 해 일어설 힘을 얻는다지
나도 납작 엎드려
미니 겨울잠 자고 싶다

간헐적 게으름에 빠지고 싶은 거다

봄봄 놀이동산
아마릴리스가 나팔을 분다
긴 동안거 끝낸 꽃과 사람들의 활기여
롤러코스터에서 들리는 함성 소리
아마릴리스!
너의 축제는 나에게 활력이다

* 미니 겨울잠.

마중물

부어주세요

한 바가지 마중물 퍼주신다면
꽃봉오리 피어나듯
갈급했던 영혼의 노래가
솟아오를 거예요

옷소매 스쳐간 많은 바람들 중에
우리가 어떻게 만났는지요

산다는 것은
인연이라는 가지에
꽃 한 송이 피우는 일

세파 속 들끓고 있는
사랑 이별 슬픔 기쁨들
서로 꺼내놓기 쉽지 않지요

마중물을 부어주세요
시원한 생수 같은 시를 드리겠어요

'고요'라는 말

눈 감고 깊은 숨 들이마시면
내 안의 샘가에 이른다
누가 매달았는지 모를 두레박줄 당겨
고요 한가득 퍼올린다

안개처럼 가벼운
고요 속에는
대지의 향기가 스며 있다

고요의 원천은 어디일까
수면 위에는 폭풍이 몰아쳐도
바닷속 심연의 골짜기,
해와 달빛도 닿지 않는다는
그 깊은 곳
어둠 속 어떤 심해어들은
스스로 빛을 낸다지
고요에 물들어 살다 보면
스스로 광명한 몸이 되는 것일까

침묵이 주는 고요함
'말 없음이 최고의 코칭'이라는데[*]
잠시의 적막도 견디지 못해
스마트폰 속에 빠져드는 사람들
고요라는 말을 잊은 것 같다
나 또한 너무 많은 말을 하고 살았네

이른 새벽 기도 시간
내 안의 샘가에 이르러 두레박을 내린다
고요 한가득, 맑은 눈을 가진 그는
나의 친구이다

* 코르넬리아 토프 저서 『침묵이라는 무기』에서 침묵이 최고의 코칭이라 함.

카톡으로 오는 눈

요즘 눈은
카톡! 카톡! 소리로 온다
핸드폰 배경이 설국으로 바뀌고
하하 호호~
메시지가 눈송이처럼 날리네

설레는 마음으로 나선 길
새하얀 나무들은 고요 속에 잠기고
순백의 비밀을 곳곳에 숨겨 놓았네

육각형의 꽃무늬 결정체,
작은 몸짓으로
꽃잎 날리듯 밤새 하늘길을 내달려
나무와 숲에 내려앉았겠지
귀에 익은 노래처럼
내 마음자리에 위로라는 말을
꼭꼭 눌러 채워 놓았네

어느새

겨울산은 물소리도 지우고

새하얀 정령들이
솜처럼 포근한 사랑으로 안내하네
숲은 여름도 눈부시더니
겨울도 지루하지 않아
나의 사계절 지도를 바꾸어 버렸네

카톡! 카톡! 눈이 왔어요
새들이 노래하다 떠난 고요 속으로
보석 같은 시가 밀고 들어오네

봄의 전령사

복수초
복과 장수를 실어다 준다지
'영원한 행복'이란 꽃말이 좋아서 그런지
부르는 이름도 참 많은데요
설연화, 원일초, 축금잔화, 얼음새꽃……
그러나 그것도 잠시
산과 들에 올라오는 봄꽃에 밀려
금방 잊히는 꽃이랍니다

어느 틈에
한 해의 끝자락에 섰습니다
행복, 슬픔, 우울……
양손 가득 기쁜 날도 있었지만
시간은 꼬리를 물고 가는 강물 같네요
혹한으로 언 땅은 깊이 잠들고
가로수는 크리스마스 묵은 조명으로
조금은 서글퍼지는 계절입니다

그래도 힘을 내야지

내 손엔 새해의 달력이 들려있고
봄의 전령사, 복수초
샛노란 웃음이
새해를 기다리고 있으니까요

퍼즐 맞추기

동백꽃 피었다

가만히 들여다보니
송이송이 퍼즐처럼 맞춰진 꽃잎 속에
내달려오는 봄의 발걸음이 보인다
꽃의 성정이 같아서일까
복수초, 진달래가 뛰어오는 것도 보인다

나이가 들어갈수록
미리 정해진 퍼즐 맞추듯
달라지는 내 얼굴
가족들의 모습이 한 피스, 두 피스
조각되어 채워지고 있다

한 뿌리에서 솟아
함께 피고 지는 세상의 꽃들
수많은 수맥들로 연결된 퍼즐 조각 속에
꽃이 있고 우리의 봄이 있고
슬픔과 기쁨도 함께했던 꿈같은 세월이 있다

올해도
만개한 동백꽃들 날아갈 듯 원을 그리고
새 떼처럼 올라오는 어린 봉오리들
함께 퍼즐을 완성해간다

세월의 가지 위에 앉혀놓을
동박새 퍼즐 하나 들고
나도 슬며시 새봄 속으로 끼어든다

깡통 철학

빈 깡통
겨울날 모닥불을 피우기도 하고
물을 담으면 물통
쓰레기를 담으면 쓰레기통
깔고 앉으면 의자로 이름을 바꾼다

방배역 2번 출구
바닥에 앉아 있는 맹인 청년
거꾸로 놓은 깡통을 두드리고 있다
막대기 두 개로 리드미컬하게
거리 연주를 한다

빈 깡통의 울림은
지나는 이들의 걸음을 멈추게 하고
흥을 돋게도 한다
동전 몇 닢
낡은 깡통에 떨어진다

통장을 채우고

목표를 달성하고
무언가 채우려 애쓰는 사람들 틈에
속이 비어야 구르기도 하고
비로소 공명을 일으키는
깡통

내 마음자리에도
빈 깡통 하나 걸어 놓아야겠다

생각의 집 한 채

봄부터 짓기 시작한 다세대주택
한 계절 쉬는가 싶더니
인부들의 손이 다시 바빠졌다
거푸집을 걷어내고 드러난
텅 빈 주거 공간,
생로병사가 함께 묵을 방이다

국립박물관
'사유의 방' 전시를 보면서
내 몸 안에도 생각의 집 한 채
마음 챙김의 깊고
고요한 방 하나 들여놓고 싶었다

가부좌의 묵상

이때쯤이면
내 나이도 익어 가는지
뵈지 않던 나무가 보이고
더불어 숲이 보인다

내면에 깊숙이 비치는 햇살
쓸 만한 시 한 수 뽑아내기도 한다

부실한 집들은 오늘도 넘쳐나고
세상은 그래서 여전히 공사 중이다

초대하지 않은 손님

정원 잔디밭
잡초가 봄보다 먼저 온다
뽑아도 뽑아내도
좀비처럼 죽지 않고 번져나간다

보랏빛 까치꽃
좁쌀만 한 웃음 봉오리가 맺히고
꽃다지는 노란 리본을 머리에 얹었다
초대하지 않은 손님
너희들 오늘 다 솎아내리라!
챙 넓은 햇볕가리개 모자 쓰고
한나절 뽑은 잡초가 바구니 가득하다

잠시 쉬며 하늘을 보다가
문득 번개같이 스치는 생각
창조주께서
세상이라는 정원을 내려다 보신다면
개미만 한 우리의 삶을
솎아낼 듯 꼼꼼히 살펴보신다면

얼마나 많은 잡초가 자라고 있을까
그럴 때마다
하나씩 뽑혀 나갔다면
내가 지금 이 자리에 살아남아 있을까
호미를 쥔 채 가만히 잡초를 들여다본다
오늘 완전히 솎아내려던 마음을
접어두기로 했다

초대받은 자만이 손님이 아닌 까닭이다

추억을 굽다

슬로우푸드
파르스름한 녹두를 믹서에 갈아
녹두전을 부치고 있어요

하루 세 번
무한 반복 식탁을 차리는 일
그 단순한 코스에도
끝없는 선택의 기로가 있답니다
끓일까 구울까 볶을까 삶을까
불에 데고 칼에 베이기도 하면서
도마에 붙어사는 나는 주부 몇 단이나 될까요

마켓 진열대
바다에서 헤엄치던 고등어, 꽁치
작은 캔 안에서 침묵에 잠겨 있고
깻잎 마늘들도
뚜껑 닫힌 채 암흑 속에 잠들어 있어요
해초 사이 누비던 자유로움
들 바람 쏘이며 익어 가던 날들

이제는 좁은 공간에서 명찰 하나 붙인 채
무료하게 시간을 죽이고 있어요

통조림을 보면서, 왜
주방에 갇힌 지금의 내가 떠오르는 것일까

가스불판, 전기 오븐, 인덕션……
옛적엔 아궁이 가마솥 뚜껑에 기름 발라 부치던 녹두전
나는 오늘 인덕션 위에서
유년 시절 추억을 굽고 있지요

오늘 밤 꿈속에서는
한 소녀가 들판을 내달리고 있을 거예요

간밤 지나간 비

대지는 봄비로 몸 적시었네
나무마다 연둣빛 새싹들이 연한 촉 내밀고
새의 부리처럼 곧 올라올 기세

유년시절 앞마당 꽃밭에 비가 내리면
채송화, 다알리아, 글라디오라스……
갖가지 꽃들이 날개 활짝 펼치고
계절이 바람개비 돌리며 얼마나 빨리 달리는지
가지 말라며 꽃들을 붙잡고 싶었네

구십 고개 넘으신 아버지
기억도 깜빡깜빡 놓치기도 하시는데
소리의 신경까지 잃으시면 어쩌나
불러도 저만큼 앞만 보고 걸으시는 것 같아
아버지의 남은 시간 붙잡고 싶어라

늦철 든 딸은 아버지의 살과 뼈에
고마움에 입을 맞추고는
연둣빛 새싹을 보시면 새 마음이 돋으시려나

휠체어 밀고 봄나들이 나섰네

물 불은 개울의 오리 두 마리
백로까지 꼼짝 않고 우릴 기다리고 있었네
간밤 내린 힘찬 물소리와 함께
아버지의 봄날은 꽃 마중으로 훈훈하였네

우족

한우 앞다리 큰 놈 하나 솥에 넣고 끓인다

뽀얗게 우려낸 국물 속엔 단백질과 무기질, 콜라겐… 듬뿍

우리 가족들 기력 보강용이니 감기야 물러가거라

설렁탕, 갈비탕, 도가니탕…… 소들의 수난 시대다

어찌 소들만 그러랴 뼈 있는 동물들은 모두 탕 앞에 무릎 꿇으니

감자탕, 삼계탕, 흑염소탕, 오리탕, 탕탕탕!

죄로 물든 세상, 노아의 홍수 후에 식용으로 동물을 먹게 되었다지

사람의 원죄 때문일 텐데, 새삼 새삼 밥상 앞에서 숙연해진다

아침 일찍 출근하는 현대인들

아프리카 밀림 사냥감 찾아 나서는 포식자들이다

오늘도 거리는 먹이사슬에 걸린 피식자들의 신음과 울음 소리로 하루해가 진다

식탐으로 도배한 먹자골목 간판들의 쓰나미를 보라

무. 서. 웁. 다

그러나

어찌하랴

기력 보강에는 우족탕이 최고인 걸!

세탁기 사용설명서

지난밤 꿈
슬픔을 접어 세탁기에 넣었다
세제 두 스푼
장미 향 유연제 넣고 버튼 누르자
슬픔 언저리
얼룩진 마음에 불던 바람
윙윙 소리 내며 돌아간다

자동세탁 매뉴얼 따라
땀과 얼룩 눈물들
물 폭탄 퍼붓고 씻어 내린다

세탁 종료 알리는 벨 소리
눈부신 햇살과 함께 빨랫줄을 타고 오른다
언제 젖은 몸이었나 싶게 말라가며
슬픔이 빠져나간다

세탁기처럼
내 인생에 적용할 설명서는 없을까

한마디로 말할 수 없는
삶의 복합성

'Dream 세탁기'
버튼 하나로 해결되는 인공지능
내 마음자리에 한 대 들여놓으련다

아버지의 자전거

어린 시절
나와 함께 있을 때 아버지 목소리는
'아, 으, 어'
늘 한 음절로 불안하게 끊겼다

넘어지고 깨지고
하나에서 열까지 아슬아슬했던 날들이었지

자전거 뒤에 앉아
아버지 허리를 움켜잡고 있으면
너울거리는 파도 탄 듯
제비가 동네 하늘 날개 치듯
세상은 안심이었다

그럴 때면 아버지의 노래는
'아, 으, 어'가 아니고
새파란 휘파람을 타고 날았다

이제는 내가

아버지 휠체어 밀면서
소풍 길 나선다

'아, 으. 어' 단모음의 길을 따라가고 있다

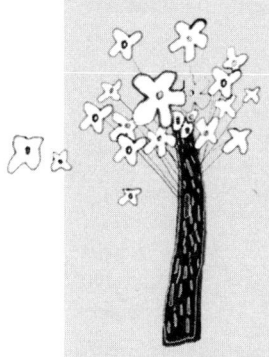

2부
허공에 나부끼다

가시오가피나무 • 사금파리 훈장 • 옹이
헬로우, 감나무! • 헐렁함의 미학 • 발효는 나의 힘
어처구니가 없네 • 허공에 나부끼다 • 밑줄 릴레이
보자기 패션 • 브레이크 타임 • 낱말이 모여
나 혼자 데이트 • 생각의 섬에 간다 • 튀밥
눈의 탄생

가시오가피나무

철갑 두른 거북선
뿌리, 줄기, 열매까지 약재라
호시탐탐 노리는 적들이 많다
아무도 다가오지 마라
한 자리에 뿌리내린 나무는
제 몸에서 솟은 가시에 목숨 걸었다

내 몸에도 가시가 있지
그 작은 뼛조각들
서로 찌르고 이리저리 맞춰보지만
더하기 빼기로는 셈이 되지 않는 인생길
못나고 굽은 나무가 산을 지키니
그놈이 효도나무라지

눈 부라린 가시나무로 태어나
불쏘시개 잡목까지
제 몫 다하며 땅에서 공존하는
평등한 이치 조금은 알 것도 같다

사금파리 훈장

흙이 빚어져 가마에 들어가네
불꽃의 춤사위와 놀다가
제 몸이 흙인 것도 까무룩 잊고
청자가 되네

눈, 비바람, 천둥 번개 후에
잔잔한 햇살 비치는 호수 같은 평안함
고요를 품고 있는 산처럼
학 한 마리 들어와 앉기도 하지요

우리 집 주방과 밥상
오르내리는 사발 대접도
불더미를 건너오기는 마찬가지
그런데 누구는 보물이 되어
박물관에 보란 듯 전시되고
누구는 찬기가 되어 바쁘기만 하네

간장 종지야
나는 네가 더 귀하다

세상에 나와 제대로 쓰여 보지 못하고
보물입네 유리관 안에 갇혀만 있다면
무슨 보람이고 소용이랴

오붓한 밥상
찬기가 되어 상에 오르내리다가
혹, 떨어져 깨지고 사금파리가 되어 묻힌다 해도
그 또한 빛나는 훈장 아니던가

너의 정든 흙으로 돌아가는 귀향길에……

옹이

살아온 세월의 겹만큼
두툼해진 아버지의 발이다
뒤꿈치 해져 종기가 생기더니
부풀고 곪기 시작한다

사방으로 수소문하며
약방문 찾아 헤매는 동안
점점 더 망가지고
깊어가는 상처

집채만 한 근심에
한 줄기 빛이 내리쬔 것일까
누군가 하는 말
단순한 게 제일이란다

상처 소독한 뒤
구름 한 조각 같은 피복제 동여매었다
염려 걱정 내려놓으시라고
96세 아버지 욕창에 새살이 오르고 있다

어둠 한 자락 떠나니
발뒤꿈치에 슬며시 들어앉은 옹이
노송과 다름이 아니다

헬로우, 감나무!

할아버지는 감나무 밑에 멍석을 깔고 앉아계셨지
소일 삼아 콩을 까다가 생각지 않은 손녀의 방문에 벌떡 일어나셨다
얼굴 주름 활짝 펴 반색하던 웃음도 잠시
금세 돌아가야 한다는 내 말에 얼마나 섭섭하셨는지
구부정한 노구가 힘없이 돌아앉으신다

참으로 오랜만에 다시 찾은 친가,
나를 반갑게 맞아주시던 할아버지 모습은 간 곳 없고
사랑방 툇마루에는
감나무 그림자만 소슬한 바람 끝에 매달려 있네

자식들 출가하고 빈 둥지
감꽃같이 찾아온 손님이 얼마나 반가왔을까
그 마음 헤아리지 못했던 손녀,
이제야 옛적 그 감나무에게 말을 걸었네
헬로우, 감나무!

할아버지는

해마다 수백 개 붉은 알전구 켜들고
우리를 기다리고 계시다

헐렁함의 미학

시간에 쫓기다 보면 마음만 급하고
하늘을 반쪽밖에 보지 못한다

낮 11시,
차가운 바깥공기 미지근해지는 시간
거실에 나리는 햇살 바라보며
화초에 물 넉넉히 줄 수 있고
좋아하는 음악, 방 가득 채울 수 있지

시간 부자가 되어
빨강 파랑 노랑…… 레고 조각 같은 계획들
맞춰볼 수 있다

헐렁할수록 좋아

젊은 시절,
새해의 다짐과 각오 작심삼일 되면
무너진 내 의지가 안타까워
실패감에 빠져들었던 날들

그러나
이제는 안다

베토벤은 산책 중 전원의 테마 떠올랐고
뉴턴도 사과밭 거닐며 만유인력을 발견했다네
나의 꿈 거두어들인 빈 공간,
수 세월 무심한 씨앗들 언제 날아왔는지
이름 모를 들풀들 조용히 피고 초록 물감 속에
나비 날고 작은 콩새 노닌다

헐렁해야 하늘이 다 보이고
하늘 속에 비치는 내 꿈이 보인다
개망초, 별꽃이 내게 말을 건다
"더 헐렁하라고……"

헐렁함의 미학
내 영적 노마드가 되었다

발효는 나의 힘

무 썰어 담근 동치미
고추, 실파 송송 부글부글 익어간다

항아리 속에서
눈 감고 벙어리 귀머거리 된 신세
나를 죽이고 섞여야 산다니,
고추보다 맵다던 시집살이 다름 아니다

된장, 고추장, 김치, 새우젓, 황석어젓……
그 많은 발효식품들

너나없이 우리도
항아리 하나씩 가슴에 묻고
할머니, 어머니에게서 전승된 비법
견디어 참고 살아낸
전통 발효 인생들 아닌가

고난의 연습생 시절 딛고
어둠 속 요동치면서 숙성된 힘

음식, 스포츠, 영화, 대중가요, 클래식……
온 세상을 아우르는 저력이 되었음이다

가족들 둘러앉은 식탁
동치미 살얼음에 국수 말아 한입
낯익은 명대사 한 수 들어앉힌다
그래, 바로 이 맛이야!

어처구니가 없네

산속 고전풍의 카페
소나무 정원에 디딤돌로 나앉은 맷돌들
어처구니*없이 하늘 보고 누웠다

녹두 갈아 전 부치고
여름 별식 콩국 말아내던 맷돌

믹서에 밀려나더니
인생 후반 배역 맡은 노배우같이
별 볼 일이 생겼다

정원을 찾은 새들
뼛속까지 비운 게 힘이 되어
이리저리 날아다니는데

맷돌들이 나를 밟으세요
가만히 속삭이네

세월을 이길 장사 없다지 않던가

무거운 것이 힘이 된 맷돌은
천년을 버티는 것 말고 별 수 있겠나

어처구니없다 말고
우두커니 제 자리를 지켜볼 일이다

* 맷돌의 손잡이.

허공에 나부끼다

고가 사다리, 아파트 벽에 걸린 것을 보면
나, 이사 가고 싶어지네
정박한 배가 출항할 날 고대하듯이
나 또한 새로운 꿈을 꾸게 되네

생애 최초의 내 집 마련
이젠 되었다 만족하며 살 줄 알았더니
얼마 지나지 않아 불쑥 올라와
나를 흔들던 집 욕심

숲세권, 역세권, 도세권까지
잊을 만하면 한 번씩 일어나는 회오리바람

지금도 나는
가끔 꿈속에서 이사를 다닌다

옛집이라는 시 한 수 쓰려는데
집 없이 온 세상 떠돌아다니는 바람 한 줄기
가볍게 살랑이며 말을 걸어 온다

한곳에 뿌리내려 살고 싶다고

바람이 머물 집 한 채 있으면 좋으련만
온 세상 다니며 보았던 풍물 이야기 들려줄
넓은 집 사랑방

나는 너에게, 너는 나에게
가보지 못해 동경했던 그곳 이야기들
아지랑이 속에 피어오르고

세상은 오늘도 고가사다리차
아파트 구름 벽에 여기저기 걸리고
나는 허공 속에 나부끼고 있다

밑줄 릴레이

LA 딸이 사는 아파트
쓰레기장에서 발견한 책 무더기
그 속에서 낡은 시집 한 권
내 짐 속에 고이 모셔 왔네
윤동주 한용운 김소월 김수영 신동엽 이육사…
60명의 시가 따라온 거다

40년 전 발간된 시선집
주인의 도장이 빨간 인주로 꼬옥 찍혀 있네
유치환의 「행복」에는 '좋아하는 시'라는 메모가
노천명의 「고향」에는 접었던 흔적이 있네
"언제든 가리, 마지막엔 돌아가리"
귀향 꿈꾸며 가슴 깊이 밑줄 긋고 읽었을
애장시였으리

망향의 숨결이 밑줄 속에 고스란하다

요즘은 나도
시집 읽으며 밑줄을 긋는다

운명적으로 만난 좋은 싯귀 한 구절
이제는 밑줄이 나를 끌고 다니며
숨결이 머물렀던 자리라 조곤조곤 일러 준다

보자기 패션

펼치면 한 장 사각 천 조각
가로 세로만 있고 높이가 없어도
모든 모양의 물건 담는 가방이라네
세모나 네모, 모양에 구애 없이
금세 뚝딱 감싸안는 거지

보자기는 만능이다
옷, 이삿짐, 밥상, 책, 도시락, 예단……
그 어디나 따라붙는다

대충 묶어도 잡히는 주름
포근한 구름결이나 잔잔한 물결 같기도 하네
묶은 모서리 펴주면 한 송이 목단꽃 핀 듯
선물 보자기 받은 사람들
풀어 보기도 전에 감동부터 한다지

보자기
파리 패션 무대에서 세계인의 눈길 사로잡았다
포용과 자유 실용성까지

때가 타면 빨 수도 있는 가방이라니!
환경애호가들 너나없이 보자기를 들기 시작했다네

손잡이 달아 보자기 클러치 백,
벽에 거는 예술 작품으로,
에르메스는 보자기* 스카프를 선보였다네

피난 보따리, 고생 보따리…… 삶의 애환이 서린 민족 가방,
너도나도 들었던 그 보자기
세계인의 마음 감싸안은 한류
1등 공신이 되었네

---

* 에르메스 조각 보자기 스카프 한 장에 160만 원에 시판된다 함.

브레이크 타임

나의 브레이크 타임은 미나리와 노는 일이다

아무도 몰래
뚫어놓은 숨구멍 하나
내 비밀 안식처
작은 시냇가에 미나리 심어놓고
그를 돌보고 있다

휴식을 빼앗는 것이 인간 최고의 고통

카우카소스 산, 쇠사슬에 묶여
잠시의 쉼도 누릴 수 없이 독수리에게 쪼이다가
풀려난 프로메테우스*처럼
음식점, 병원, 헬스장으로 우르르 몰려 들어가는 사람들
브레이크 타임 해제를 즐기고 있다

가다 서다를 반복하는 차량의 흐름
그들의 브레이크가 빨간 등으로 소통하듯
어느새 나도 느긋한 속도에 길들여졌다

내 마음속 브레이크 타임에는
새파란 미나리가 자라고 있으니까

* 프로메테우스가 인간을 사랑하고 이롭게 했다는 이유로 제우스가 내린 벌.

낱말이 모여

벽에 걸린 그림 속
영롱하게 빛나는 물방울들
하나하나가 낱말 같다

눅눅한 날씨 제습기 돌리니
뽀송해지는 공기만큼
흘러 고이는 물

한 방울 한 방울
어느새 묵진해진 물통
저들을 하수구에 버리고 나니
왠지 마음이 편치 않다

홀로 고독했던 시간의 힘으로
짜놓은 눈물을 이리 홀대하다니

내가 쓰고 모아 놓은
시 수필…… 그 많은 편린들
세상에 태어날 새 없이

버리고 떠내려간 낱말 얼마나 많았을까

오늘 다시
윙윙거리며 돌아가는 제습기
물이 가득 고이면
가만히 화분에 부어주어야지

영롱하게 빛나는 물방울들
바다로 혹은 하늘로 오르려던 저들
새로운 낱말로 태어나게 해야겠다

나 혼자 데이트

눈이 내린다
세상은 온통 하얀 면사포를 썼다
얼마만인가! 새하얀 눈송이는
오랜만에 모교 찾은 내 발자국을
겨울 동화 속으로 안내한다

찰랑거리던 내 단발머리 위로
금빛 햇살 쏟아지던 그날의 캠퍼스
여기저기 아파트 솟아올랐는데
난장이 박공지붕들
긴 세월 눈-비-바람 잘도 견뎌왔구나

마술궁전에서의 꿈 깨고 보니
어느새 시간은 손가락 사이로 빠져나가고
내 곁을 스치는 앳된 얼굴들
그 젊음에 비쳐 보이는 또 다른 나
멀고 아득한 날들이여

12월도 이슥해서

한 해도 기울어 저무는 때
문인들 동창회에 내가 초대될 줄
꿈이라도 꾸어 본 적이 있던가
아무리 세월이 허망하여도
아이처럼 되뇌어 본다

"해야, 새해야 헌길 줄게 새길 다오"

생각의 섬에 간다

생각의 섬에 가 본 적이 있나요

공간과 시간의 제약도 없는
'생각'은 그야말로 신비 그 자체
생각하는 사람이 주인인
원초의 섬
나의 내면에 숨어 있는
또 하나의 나를 만나러 간다

큰 돌덩어리 깨어
그 안에 숨어있던 '생각하는 사람'을
꺼내 온 로댕

우리 안의 고뇌
번민 없는 사람 있을까
로댕의 생각하는 사람,
그 또한 돌 속에 잠긴 내가 아니겠는가

오늘도 '로댕의 생각' 앞에

사람들 모여들고 골똘히 생각에 잠긴 채
생각의 섬에서
돌덩이를 쪼아 내는 사람들
숨은 자아를 찾고 있다
돌 속 작은 새라도 한 마리
꺼내 날게 하고 싶은 거다

생각의 섬
세상 파도 속에 숨어 있는 그 섬에
나도 나를 만나러 간다

튀밥

뻥이요!
뻥튀기 장수 외치는 소리
펑!! 한 줌의 쌀
튀밥 되어 한 자루 가득 채운다

그렇지
뻥이 들어가면
허풍, 거짓말, 사기…… 뻥친다 하지

내 어깨 힘 실어주던
뽕,
어느새 유행도 지나
창밖 이팝나무 빈 가지처럼
축 늘어졌다

인생도 젊음도
얼마나 덧없고 빠른가

뻥이요!

뻥튀기 장수 고함 소리

내 맘속의 봄
맘껏 부풀어 터진 꽃망울들
튀밥 자루 가득 넘치네

눈의 탄생

눈이 온다
하늘에서 내리는 새하얀 꽃눈
저렇게 풀풀 자유롭게 풀어서 웃어 본 적 있었나
저렇게 펄펄 가볍게 춤춰 본 적이 있었나
때론 샘물이었다가 때론 과즙이었다가 꽃이었다가
물이었다 하늘로 오른 구름이었다

오늘은 하늘 멋쟁이들이
하르르! 천공에서 쏟아지며 작은 깃털로 변신한다
소리 없이 펼쳐지는 저 아우라
그 함박웃음 하하하하!

온 세상
하얀 면사포 씌우고 한바탕 놀고 간 자리
날 밝으면 침묵보다 더 깊은 고요로
시침 뚝 뗀 채 모른 척하겠지
눈 녹으면 땅속으로 스며
이듬해 버드나무 연둣잎 흔들며 '나다' 하고
웃음 지을지 몰라

들로 산으로 번지는 연두는
또 다른 눈의 탄생

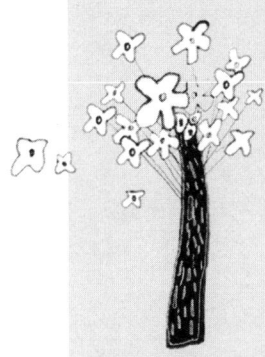

3부
어머니라는 거울

거짓 같은 참 • 모자람의 쓸모
물음표(?)를 펴면 느낌표(!) • 시에게 • 권태탕
어머니라는 거울 • 휴休 • New 드라이크리닝
스틸 라이프 • 우울주의보 • 순금의 시간 • 테트라포드
맥문동이어라 • 간헐적 게으름에 대한 짧은 변명
복숭아 계절 • 청바지 인류학

거짓 같은 참

겨우내
말라 죽은 듯 보이던 나무
새싹 돋는 모습 보면 거짓말 같아요

누군가
마술을 부린 듯
꽃망울 터뜨린 옥잠화

번데기였던 나비
자신의 변신을 믿겠는지요
고양이 어슬렁거리는 정원에 서면
하늘이 하늘색인 것도
거짓 같은 진실

어디서 발화했는지
내 손에서 흘러나온 시 한 수도
무형의 것에서 솟아 나온
거짓 같은 참입니다

모자람의 쓸모

아인슈타인의 상대성 원리나
미적분을 풀 줄 몰라도
세상살이에 큰 지장은 없지
지도가 없이도 철새는 오가고
사서삼경 몰라도 인생은 완성된다

사람은 무엇을 기준으로
차고 모자람을 측정하는가

나 혼자
빈자리 다 드러내고 집 나선다
뜻밖에 좋은 사람 만나
첫눈 맞듯 두 손에 행복을 만지기도 하고
하얀 도화지에 장미 꽃다발이나
푸른 지평선의 꿈을 그리기도 하지
빗자루로 쓸어 담은 큰 버킷에서
창조의 언어들을 줍기도 하는 거야

미적분은

내가 넘을 수 없는 수수께끼지만
모자란 만큼 받는 하늘의 은사는 크다
비, 구름, 별, 이슬, 파도……
그들을 바라보는 설레임으로
내가 모르는 것, 모자람을 채우시는 은혜로
하루하루를 건너고 있는 거지

물음표(?)를 펴면 느낌표(!)

물음표는 누가 만들었을까?
나는 마음속 질문을 제대로 꺼내 놓는가?
질문이 없는 건 모두 알고 있다는 뜻인가?
질문을 많이 하면 치매에 안 걸릴까?
질문 뒤에는 꼭 답을 들어야 할까?

물음표를 펴면 느낌표라니!
답을 찾으면 기뻐하며
구부러진 것을 곧게 폈으리라는 상상
질문과 답,
둘의 간극은 멀고도 가까운 것
부부 사이인가 이웃사촌 사이인가?
스승과 제자 사이인가?

누구나 태어나면서
한가득 갖고 나온 물음표
너무 아끼지는 말아야지
백화점 쇼윈도 눈부신 봄옷들
신상들이 느낌표가 되어 판치고 있네

구부린 것을 펴는 게
삶이고 기쁨이라며 기호가 답하네

시에게

도대체 어디에 숨었다 온 거니
나를 홀딱 반하게 만들다니
늦바람이 무섭다고들 하던데
수십 년 기다리던 아기 태어난 듯
아무개 엄마라 문패도 달고
기저귀 바람에 휘날리게 널어
아기 있다는 자랑 마구 하고 싶었다
그 아이 자라며
재롱도 늘어 가슴 뿌듯
세상 다 가진 듯 마음 넉넉해지네

깊어가는 겨울밤
요즘 너와의 관계가 애매모호하다
멀리하기엔 가깝고
가까이하기엔 너무 어려운 당신이랄까
혹자는 돈도 안 되는 걸
왜 붙잡고 시간 낭비하느냐 핀잔이다!

매화 눈뜨는 모습 보며

다시 한번 마음 다잡아 본다
남이 뭐래도 내가 좋아 가는 길
발아發芽점인지 발화發火점인지
오브제를 유모차에 태우고 나선다
목마른 자가 우물 판다고
아이 업고 달리기 아무리 힘들어도
아무개 엄마라는 명찰 하나로 족하다네

늦바람이 무섭다는 말 맞다, 맞아!

권태탕

새로 개발한 요리랍니다
하품하며 종일 침대에서 게슴츠레한 눈빛
초점 잃고 뒹구는 사람에게 효과가 있습니다

권태는 본래 부지런한 녀석이었는지도 몰라
천사가 변심하여 사탄이 되었듯
타락하기 전에는
근면하고 맑은 눈을 가졌을 것 같아요

물이 끓어요
산낙지 중앙에 올리듯
권태 한 움큼 집어넣어야 제맛이 납니다

펄펄 끓는 동안
우울, 무기력, 나태, 피로……
무위의 쾌락이 달콤하다며 유혹하던
놈이 흐물흐물
가시도 없이 물러버렸습니다

한번 드셔 보세요
탕 한 그릇 벌컥벌컥 마시고
권태에서 빠져나온
신사 숙녀분들……
장마 끝 헝클어진 머리칼 다듬고
꽃대 세우기 시작한 맥문동꽃에 견줄까요

권태라는 독,
잘 쓰면 약이 되지요
은밀하게 내면에서 익어가는 뿌리 튼실합니다

어머니라는 거울

고향집
벽에 걸려 있는 거울
들고 날 때마다
한 번씩 비춰보게 된다

무심한 듯 말 한 마디 없는
저리 조용한 친구라니

손바닥만 해도 속은 호수 같아
하늘도 나무도 꽃도 비추고
모든 것을 품에 안는다

시끌벅적하던 소리 잦아들고
빈 둥지 공허하다며
벽에 걸려 있는 어머니
유리 틀 속에 꼼짝 않고 계시다

그리움 깊어가는 밤
한가득 가족사진 점점 바래가고

못난 딸 뒤늦게 철들어
내가 바라보는 거울 속
어머니가 들어앉아 나를 보신다

휴休

나에게 방학을 주기로 했어요
여기저기 삐그덕거리는 몸
힘겹게 들고 메던 짐보따리 내려놓으니
새소리가 귀에 들리네요
나어린 풀잎들이 바람에 눕고
흔들리기도 해요

느림의 미학 속에
영롱하게 번득이는 감성이
서서히 고개 들어요
오매불망 목마른 내 낭군님
산보 가자는 말
왜 몰라라 했을까요
친구 수다에 시간 가는 줄 몰라요

보이네, 보입니다
나를 나 되게 하는 처방
쉴 休
길가 풀꽃들, 새소리, 길고양이까지

모두 내 쉼터를 지지한답니다

휴―
휴식의 맛을 조금은 알 것 같아요

New 드라이크리닝

얼룩으로 고생한 적 있으시지요
세탁소가 본업이 되었으니
나는 늘 얼룩과의 전쟁 속에 살아간답니다

우리 옆집은 정육점
살 속에 얼룩이라는 기름을 끼워 팔아
떼돈을 벌고 있습니다

우리 집 옷의 얼룩은
저울에 올려도 무게가 없어요
가끔 손님들이 마음의 얼룩을 빼달라 오는데
몽고반점 같은
그들의 뽀얗고 순수했던 동심에
언젠가부터 훈장처럼 하나둘씩 얼룩이 묻기 시작했겠지요
무게도 없는 그 녀석 때문에
인생을 힘겹게 산다니
이런 아이러니가 어디 있겠어요

우선 내 마음의 얼룩을 빼보기로 했어요
세탁할 때처럼
기름에 푹 담가 두고 반나절을 지냈지요
독한 냄새 참을 수 없었어요
그래도 문제를 풀 욕심에 꾹 참았지요
점점 희미해지는 얼룩들……
얼룩이 빠져나가며 뽀송뽀송해진 마음
빨랫줄에 널어 말리며
다시는 얼룩을 묻히지 말자고 다짐했습니다

마음의 얼룩을 빼주는 세탁소
고상하게 심리상담소라고 할까요
New 드라이크리닝
새로운 간판까지 번듯하게 올렸더니
아침부터 들어오는 주문에 눈코 뜰 새 없습니다

얼룩의 세계에서 주름 펴는 일
남의 마음까지 환하게 하는 일인 줄
예전엔 미처 몰랐습니다

스틸 라이프

작약의 몽우리
기병처럼 정렬해 두런대는 소리에
지나던 길 멈춰 서고 말았다

볼록한 뺨, 너였구나
겨우 입 열기 시작한 부리에는
모질었던 겨울 견뎌 낸 자랑
한입 가득하다

누가 데려다 놓은 것일까

작약의
스틸 라이프
세상을 고요하게 바라보는
잠잠함

창조주의 매뉴얼 따라
순종하는 저 작은 몸짓들

내 사유의 공간에
은근히 다가와 영감을 주네

내가 그의 이름을 불러 주었을 때
그는 내게 와서 꽃이 되었다*

* 김춘수 시인의 「꽃」 중에서

우울주의보

어머니
종일 말 한마디 없으시다

잠깐 개었다 다시 흐림
우울의 농도는 예측할 수 없는 날씨 같다

수면 위에 이마 내민 빙산
집채보다 큰 덩어리를 물밑에 감추었다지
어머니의 빙하는 얼마나 차갑고
깊은 것일까

자기 연민, 슬픔, 허무……
점점 더 빠져들어가는 우울이라는 늪
얼음벽이 두텁기만 하다

훈풍에 몸 풀고 연두 잎사귀 내민
버들강아지들……
맑은 물로 세수한 실개울
봄의 속삭임

어머니
오늘은 제가 징검돌이 될 테니
우울의 옷 벗고 건너오세요

부활의 계절
이 환한 봄의 나라로

순금의 시간

할 말은 많으나
한 마디로 줄인 듯
호흡 같은 언어
아!

내가 꽃봉오리 오물거리며 태어날 때
어미 가지에서 떨어져 땅에 곤두박이칠 때
누군가의 외마디
아!

간장 종지만 한 꽃송이에
하늘을 담고
나는 바람에 한들한들 춤을 추었습니다
지나는 이들이 카메라 들이대며
아!(름다워라)
감탄사를 날렸습니다

외마디 '아'는 만국 통용어
통역이 필요 없다지요

지난 과거도 오지 않은 미래도
아, 아니올시다
피는 것도 지는 것도
지금이 순금의 시간입니다

테트라포드[*]

뼈대 있는 가문 같다

해안 마을
24시간 지키는 수문장
해조류 따개비 등에 업고
고대 건축물처럼 웅장한
콘크리트 왕국을 이루고 있다

파도가
이리 뒤척 저리 뒤척
밤낮없이 꿈틀대며 흔들어도
꿈쩍하지 않는다

평상시에는
하릴없이 노는 것 같지만
태풍이 밀려오면
자기 몸 녹여가며
수백 척 어선을 보호하는
방파防波의 괴력을 발휘한다

오늘도
파도의 에너지를 삼켜 충전하고 있는
거인의 굵은 팔뚝

거친 파도를 기다린다

* 가지가 4개 달린 마름쇠 모양 콘크리트 구조물로, 방파제에서 파도의 에너지를 흡수하는 역할을 한다.

맥문동이어라

장마 빗속
꿋꿋이 고개 드는 맥문동
중세 기사의 창처럼
날카로운 초록 잎을 세워
보라꽃불 켰네

줄기, 잎, 꽃은 쓸데없고
오직 뿌리만이 약재가 된다지
누가 외치지 않아
흙 속에 깊이 잠겨 있어도
보석 같은 약효 감출 수 없었으리

한겨울
매운 바람과 눈비 앞에
영롱한 흑진주 열매 매달고
진초록 잎사귀로 맞섰느니
인동, 계전초, 여랑, 불사약……
이름만큼 진한 인고의 삶이리

마음껏 만개한 때 누리며
올해도 장마 끝에 꿋꿋한 맥문동
그 질긴 뿌리는
누구에게나 명약이어라

노병은 죽지 않고 사라질 뿐이라니[*]

---

[*] 1951년 미국 하원에서 했던 맥아더 연설문에서 가져왔음.

간헐적 게으름에 대한 짧은 변명

백조가 우아하게 헤엄치는 것은
물속에서의 쉼 없는 발질 때문이다
겉으로는 평안해 보이지만
샛별 보며 달리다가 과부하 된 사람들
극도의 피로감, 그 한계점에서
폐지 바람처럼 스러지는 것 여럿 보았다

배터리 충전하듯
침대 한구석에서 뒹굴뒹굴
게을러져야 다시 에너지가 살아난다는데
근면하라, 더 부지런하라
성공의 열쇠라도 되는 듯 외쳐대지만
쉼이 주는 불변의 법칙
사이버 로핑*을 아시는지

느긋하게 게으름 한 보따리 풀어놓은
틈새
강아지풀이 바람에 흔들리는 것,
잠자리가 풀잎에 앉는 작은 몸놀림에서

생의 비의秘義를 읽는다네

백조 한 마리
물가에서 나와 게으름 피우더니
다시 하얀 날개 펼치고
호수에서 우아하게 발레를 시작한다

핸드폰 화면에서의 아이-서핑(i-surfing)
내 간헐적 게으름으로
에너지를 재충전하고 있음이다

* 행복감을 유지하고 일에 집중하기 위해 뇌가 쉬는 시간.

복숭아 계절

치매 병동의 아버지
과즙 많은 수밀도보다
씹을 때 사각거리는 복숭아를 좋아하시네

모든 게 분명하고
딱딱 맞아떨어지던 아버지
집 떠나신 지 일 년여
어느새 맛 좋고 향기 좋은
복숭아 계절이 다시 돌아왔네

나의 보호막
아버지는 벽이었지
비바람 치고 천둥 번개에도
당신의 그림자 밑에서는
걱정이 되지 않았어
내가 속 끓여서 균열이 생겨도
끄떡없이 든든히 지켜주던
아버지의 세계
오늘은 치매 병동,

콘크리트 사각 방에 갇혀
치매와 벗하고 계시네

"집에 가자" 하지만
밀어도 꼼짝 않는
벽, 이제 귀도 잘 들리지 않고
사랑했던 이름들도
하나둘씩 입술에서 멀어지네

그늘조차 사랑이었던 나의 벽
두 번째 복숭아의 계절이 시작되고 있네

청바지 인류학

옷장에 한두 벌쯤 쟁여있는 청바지.

그의 매력이 무엇이기에 동서양, 지위 고하, 나이 불문, 남녀노소 막론하고 한 고리에 꿰었을까.

나는 그 원초의 지점으로 달려가려고 청바지에 내 다리를 꿰어 넣는다.

염료를 잘못 넣어 못쓰게 된 청색 텐트 천이 청바지의 시작이라지.

발상의 전환! 실수로 된장에 빠뜨린 돼지고기가 어느 음식점의 명품 메뉴가 되었다니.

인생에도 가끔 이런 반전이 찾아온다네.

나 또한 눈이 내리던 어느 날 버스 안에서 끄적인 낙서 속 그 몇 구절의 문장이 친구 눈에 띄어 시의 세계에 코 꿰고 말았네.

스트레이트진, 스키니진, 하이웨이스트진… 끊임없는 변신 속에 이백 년 가까이 살아낸 『청바지 인류학』* 책 한 권이 되었네.

  나, 옷장 속 청바지를 깨우리라. 통키타 들고 해변으로 산으로 내달리던 나의 20대 그 젊음을 소환하겠다.

* 다니엘 밀러 저서. 전 지구를 뒤덮은 청바지 신드롬을 파헤친 책.

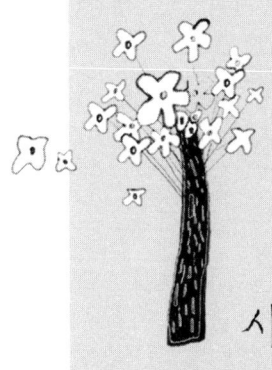

4부
시, 파랑새를 찾아서

서초동 현자 • 정크아트(Junk Art) • 한 마리 낙타처럼
간장 • 낙엽 부고 • 이클립스의 시간 • 고무나무 발전소
악기 감별기鑑別記 • 안과 밖 • 골목 의자의 독백
얼다와 녹다 사이 • 시, 파랑새를 찾아서 • 지퍼
예쁜 도둑들 • 고요라는 작은 새 • 눈꽃

서초동 현자

강남역
물 폭탄이 쏟아진 날
물에 잠긴 제네시스 지붕 위에 몸 누인 채
위치 구도
완벽함 속에서
여유롭게 스마트폰을 보던
남자,

현실을 초월한 듯한 그 모습에
서초동 현자라 불렸네

지금도
가끔 내 심상을 건드리는
풍경

고독한 시가 태어나기도 한다

정크아트(Junk Art)

길가 버려진 플라스틱 그릇,
비닐 포장지들
바람에 거품처럼 몰려다닌다

플라스틱 탄생은
상아 당구공을 대신할
셀룰로이드*의 발명에서 시작되었다지
산더미처럼 버려지는
일회성 용기를 가만히 들여다보면
지구의 종말이 자꾸 떠오른다

정크아트 전시회
재활용품으로 만든
빈센트 반 고흐의 '해바라기'도
누군가 내다 버린
쓰레기의 재탄생이라니!

쓰레기 더미 속에서
희망을 줍는 사람들의 작품전시회

다양한 오브제를 사용하여 상상력을 발휘한
'시'와 다름 아니겠다

내가 폐품처럼 버린 문장들
알뜰히 줍자
언젠가 정크아트로
내 꿈바라기꽃으로 다시 태어나리

---

* 셀룰로이드(섬유소) : 최초의 플라스틱.

한 마리 낙타처럼

시를 찾아 나선 길
그는 어느 비밀한 곳에 숨어있는지
좀처럼 만나기 쉽지 않네

어느 날
허름한 집 문 밀고 들어가
강변에서 수석 줍듯
시를 주웠네
그날의 감격은 나의 비밀이 되었지
이후 다시 탐석探石에 나섰으나
미로를 방황할 뿐
예전에 우연히 만났던 그 문
다시 발견치는 못했네

요즘 나
시라는 오아시스 찾아 떠도는
한 마리 낙타
매일 사막을 걷다가
어쩌다 신기루 같은 문장을 만나기도 하지만

끝내는 허방 짚고 마는 빈털터리

그래도 나에겐 꿈이 있네
사막의 저 많은 별들이 모두 은유이고
오브제이니
빈손이라도 외롭지는 않지

오늘도 허리 굽혀
십 리 밖 물 냄새를 맡고 있다네

간장

햇볕이 좋아
활짝 열어 놓은 항아리,
메주가 고래처럼 떠 있고
숯, 빨간 고추 고명으로 얹혀
더 없이 평화로와 보였는데
가까이 다가가 보니
간장 항아리 속은 전쟁 중이다

콩밭과 소금바다가
만나
서로 껴안고 하나 될 때까지
부글부글 끓는다

언제부턴가
내 안에 항아리 하나 들여앉혔다
외로움 괴로움 서러움……
차곡차곡 담가 발효시키는 중
마음을 다스리는 자는 성을 빼앗는 자보다 낫다고 했지[*]

푸욱 익어 감칠맛 나는 장맛
항아리 속은 죽어서 다시 부활한다
열어 놓은 항아리
까만 눈동자
하늘을 본다
나도 조용히 하늘을 올려다본다

* 잠언 16장 32절.

낙엽 부고

부고 돌리듯
우수수 떨어지는 낙엽들
갈바람 따라나섰지만
갈 곳 찾지 못한 듯
첫 밤을 새우고
어미 발등 근처에 모여 앉았다

저들끼리 바스락거리는
쓸쓸함이라니!
언제 한번 생각이나 했던 일인가
이제 시간을 되돌려서
다시는 꽃의 영광을 되찾을 수 없으리

한때
나를 향해 나부꼈던 초록 깃발들
열정, 성취, 기쁨, 사랑……
이제는 아스라이 멀어져가네

낙엽은

아무리 색이 바래고
바스러지더라도
돌아온 길 되돌아보게 하는 추억과
깊은 사색을 선물한다

이클립스*의 시간

오리는
낡은 깃털이 빠지기 시작하면
새로운 털이 돋을 때까지
텅 빈 시간을 갖는다지
아무 일도 하지 않고
기다림 하나로 시간을 죽인다네

오리의 휴지기休止期
포식자들의 위협 속에서도
힘과 아름다움을 되찾기 위해
기꺼이 위험을 감수하는 거야

날개가 찢기고 자꾸 잘려서
나는 법을 잃은 도시인들
끊임없이 능률, 성공을 외치는 사회
실패, 실연, 이별……
짜고 시고 매운 시간 보내고서야
새살이 돋는다는 걸 아시는지

너와 나 우리에게도
이클립스의 시간이 필요하네

천변
화사하게 몸치장한 오리
반짝반짝 윤기 나는 깃털로
힘차게 날아오르는 신사, 숙녀들
나에게도 이클립스! 외치네
이도 저도 올스톱,
물가에 한가하게 앉아
오리의 비상을 바라보는 거라

---

* 일식과 월식을 가리킴. 털갈이 하느라 날아오르는 능력도 잃어버리고 아무 것도 하지 않는 빈 시간을 털갈이 이클립스라고 함.

고무나무 발전소

얼룩얼룩 병들었던 고무나무
몽땅, 잘라냈네

화분 속, 그루터기로 남은
뿌리의 끈질긴 진동이었을까
어느 날
알이 부화한 듯
새싹이 노란 부리 밀고 올라온다
제발 건강한 녀석이길 바랐건만
잎에 그리는 상형문자라니……

상처 난 잎 가위로 잘라주며
건강한 연두 잎 주문해 보았네

극진하게
물, 햇살 떠먹이며 보살핀 보답일까
어느새 물방울이 잎 위에 맺혔다
뿌리가 뽑아올린 보석이다
또르르 말린 혀 살펴보니

어디에도 얼룩이 지지 않은 새잎들
희망 발전소의 엔진 소리 우렁차다

오늘도 매만져 본다
가로세로 직조된 결 고운
촉촉함
새것의 부드러운 감촉이 나의 손을 감싸네
우리 삶의 상처
이 또한 지나가리라

악기 감별기 鑑別記

아주 오래전
스승으로부터 건네받은
내 바이올린

명가名家의 족보를 가졌으니
썩히지 말라던 당부
좋은 뜻으로 주신 말씀
지키지 못해 늘 마음 무거웠는데

최근 우연히 만난
악기 감정사가 살피더니
최상급이 아니라네

잠깐 실망하기도 했지만
되짚어 생각해 보니
진기한 족보가 아니라서
내 마음의 짐 하나를 덜어낸 듯
새처럼 가벼워지네

무심천에서 주워 온 수석처럼
허물없이 수십 년
짝 되어 아끼고 살았으니
이 또한 내 인연이 아니던가

명기가 아니면 어때
내게는 곁에 있는 그대가 최고
우린 서로를 벗하고 사네

안과 밖

안과 밖은 문 하나 사이
열고 닫음이 내 손에 달려 있다네
나방이 불빛에 현혹되듯
우린 바깥으로 내달리며 살았지

언제부터일까
내면을 채우려는 이 욕구는
천정 유리창으로 하늘, 별 끌어오고
거실 통유리 안으로 숲, 바다를 들여온다네

안이 없이는 문밖이 있다 할 수 없지
내면이 가득 차면 나가지 않아도 천하를 안다 하였네[*]

애벌레로 꽁꽁 닫아걸었던
인고의 세월
허물 벗어던지고 비상하는 나비
희열과 희망의 춤을 춘다

안이 있어 밖이 있으니

나의 겉모습은 내 안의 그림자
나는 오늘도 내면의 등불을 켠다

* 노자의 말.

골목 의자의 독백

어딘가 못이 빠졌거나 조였던 나사가 헐거워졌을 거야

내가 이렇게 삐그덕거린 적은 없는데 이젠 누가 앉기만 해도 겁부터 나

나도 한때는 풍성한 그늘 드리워서 사람들을 앉히고 쉬게도 했었지

어느새 세월도 많이 흘러 이 골목의 터줏대감이 된 거야

네발 달린 야릇한 내 모습 낯설게 바라보는 나뭇잎들아

나도 고향이 산이고 울창한 나무 숲이었단다

햇살과 놀며 새소리 듣고 자랐지

여기저기 흠집투성이 몸, 이젠 나도 늙고 지쳤어

어느 날 예고도 없이 철거되거나 화목으로 실려 갈지도

몰라

  내 몸 구석 자리 어딘가 반짝이는 니스가 아직 남아있을 때

  내 생애 마지막 봄을 앉히고 싶어

  목련꽃 그늘 아래서 누군가 시라도 한 편 읽어 준다면 더욱 좋겠지

  그렇게 봄꽃과 놀다가 이 골목과 작별하고 싶어

얼다와 녹다 사이

겨우내 처마에 매달린 시래기
설한풍에 얼고 한 뼘 햇살에 녹기를 반복하고 하네
푸르고 싱싱한 흔적 점차 사라지고
마르고 여위어 볼품없는 모습
초서草書처럼 휘고 굽어진 저 몸이
칼슘, 비타민, 무기질의 보고寶庫라니!
한 웅큼 쌀뜨물에 넣고 된장 풀어
저녁 밥상에 올렸네

사람도
얼었다 녹았다 인고의 터널 지나면서
겉모습은 낡아져도 내실을 다질 수 있다 했지
처마 밑 시래기
멍 때리는 시간은 필수
몸에 지닌 물기 몽땅 털어내야
상등품이라네

내가 가는 길을 그가 아시나니
나를 단련하신 후에야

내가 정금같이 나오리라*

오늘도 저녁상에 구수한 시래기국 한 말씀
올리네

* 욥기 23장 10절.

시, 파랑새를 찾아서

"행복이란
하늘이 푸르다는 사실을 확인하는 것만큼
쉬운 일"
벨기에의 시인이며 극작가인 모리스 마테를링크의 말이다

그런데 나는 왜
파랑새를 찾아야만
행복할 것이라는 생각을 했을까

그의 흔적
떨어뜨린 깃털일지
가지에서 날 때 또르르 흘린 솔방울일지
바람결에 실린 파랑새의 향취 맡으려
숲속을 헤매고 다녔네

그러던 어느 날
나는 문득 시 한 편을 써놓고 행복했다
왜 그럴까?

시가 파랑새를 잡아 온 것일까
꿈결인 양 잠시 머물다가 푸르롱 날아가는
파랑새!

그랬구나!
파랑새는 시의 은유였고
시를 쓰고 싶어 파란 날개를 키웠던 것
그는 어느 틈에 내 삶에 들어와
와인이 되고 향기가 되고 생활이 되었다

시는 행복이라는
또 다른 은유를 만들기 시작한다

지퍼

양 갈래 테이프의 엘리먼트가
맞물려 하나가 되는 마술
미국의 발명가 위트콤 저드슨이
구두끈 묶는 불편함을 해결하려 고안했다지
춥고 바람 부는 날씨
우리는 지퍼를 올려 무장한다

불만 험담… 마구 남발하며 떠드는 사람들
후일
쏟은 말로 괴로워하지만
영혼을 울리는 성경 한 마디
경우에 합당한 말은 은 쟁반에 금 사과니라*는
깊은 은유도 있지

아직 모르겠다
내 마음을 제어하는 지퍼는 무엇일까
지금 입을 열 때인가
입을 닫을 때인가

큰소리 외쳐 싸우는 사람
소리는 없어도 눈빛으로 갈등하는 이들
마음에도 지퍼가 달렸으면 좋겠다
그것을 파는 가게 없을까
지퍼를 사려는 무수한 사람들이
매운 겨울바람 마다 않고 찾아 나섰다

* 잠언 25장 11절.

예쁜 도둑들

내 마음
쏘옥 앗아간 연둣빛 가지 위
분홍 꽃잎
밤새 내린 비, 잎사귀에 맺힌
진주 방울들

애지중지
키운 자식들 떠난
빈 둥지의 허전함도 잠시
어느새 손주들이
새순처럼 피어나고
내 맘 온통 다 빼앗겼네

들판에
파르르 솟아오른
이름 모를 풀꽃들
이슬 몇 방울로 살고
바람에 흔들리다가
가만히 눕네

참 예쁜 도둑들
그들과 어울려 사는 내 삶이
탈탈 털려 가벼웁다

고요라는 작은 새

一心의 바다
내 안의 마음자리에 깃들인
고요라는 새 한 마리

그는 얼마나 가볍고
보드라운 날개를 가졌는지
소리도 무게도 없지

마음에 풍랑이 일면
조용히 사라졌다가
번뇌 내려놓으면
어느새 날개 저어 와
내 마음에 내려앉는다네

누군가 말했지
소리치며 피는 꽃이 없고
떠들며 익는 과일이 없다

고요라는 작은 새

처음에는 내가 그를 길들였지만
요즘은 내가 그에게 길들여지고 있네

눈꽃

저들의 죄
결코 가볍지 않지
소나무 가지 부러뜨려 놓고는
시치미 뚝 뗀 채
온 세상은 말없음표……

햇살에
녹을 일만 남았다네

 한해경 시집을 읽는다

바이올린 현 위에서 조율된 시

이영식(시인)

산문이 너른 들판이라면 시는 집 안의 조그만 텃밭이라 말하고 싶다. 들에는 사계절 불어오는 바람과 새들이 각종 식물의 씨를 옮겨 무수한 수목이 자라고 계절마다 갖가지 꽃을 피워 놓는다. 그러나 텃밭은 작은 울타리를 두른 한정적 공간이라서 세상 그 많은 식물의 목록 중에 주인이 골라 뿌려 놓은 씨앗들만 발아하므로 특정의 꽃과 열매만을 보여 주게 된다. 시인은 텃밭에 뿌릴 씨앗 고르듯 꼭 필요한 소재를 선택하고 최소한의 언어를 동원하여 시라는 꽃을 피우게 된다. 그렇다면 산문과 시의 씨앗이 되는 언어는 서로 어떻게 다른 것일까? 물론 두 문학 장르 모두 우리가 일상적으로 사용하는 언어를 운용하여 작품을 완성시킨다는 점에서 본다면 별다를 게 없다. 그러나 조금 더 깊이 들여다보면 시와 산문에 등장하는 언어들에는 동전의 양면처럼 붙어 다니는 미묘한 차이가 있음을 발견할 수 있다. 언어가 의미와 소리의 결합체이기는 하지만 산문은 사용된 단어의 의미만 전달되면 그 목적이 달성됨에 반해서 시 작품은 사용된 단어 본연의 의미뿐 아니라 그 이면에서 작동되는 은유의 세계까지 전해야 하는 책무가 따른다. 그래서 시의 언어는 좀 더 유니크하면서도 울림이 큰 그릇에 담겨야 그 효과를 극대화할 수 있을 것이다.

'비설거지'라는 말이 있다. 비가 오거나 오려고 할 때, 비에 젖어서는 안 될 물건을 거두어들이거나 덮는 일을 뜻한다. 이를 시에 적용한다면 '시설거지'라는 말로 쓰여도 무방하겠다. 즉 시가 제대로 발화하려면 시적 소재가 제대로 선택되고 그를 받아쓸 시인의 깊이와 넓이가 확보되어야 한다는 말이다. 아무리 좋은 소재를 발견했다 치더라도 시인의 머릿속에 온갖 잡동사니가 들어차 시를 들여앉힐 자리가 준비되지 않았다면 얼마나 애석한 일인가. 그런 면에서 한해경은 준비가 잘 된 시인으로 보인다. 각양각색의 주어진 시제에 맞는 오브제가 적절히 선택되고 이를 전환과 마무리까지 잘 밀고 나가는 뚝심이 돋보인다. 그는 이화여자대학교에서 바이올린을 전공하였고 2019년 《창조문예》로 등단하였으며 첫 시집 『꽃이 진 자리마다』를 발간하였다.

《창조문예》 문인회, 한국기독교문인협회, 이대동창문인회에서 활동하고 있는 문학인으로 그의 시어들은 부드럽고 정감이 가는데 아마도 대학에서 전공했던 음악적 감성이 시에 녹아 나오는 게 아닌가 사료된다. 첫 시집 후 다시 시 창작에 매진하여 『나무 마네킹』이라는 두 번째 시집을 발간하게 되었는데 축하드리며 그의 애장품인 바이올린 현 위에서 조율된 몇 편의 시를 골라 해설과 함께 맛보기로 하자.

    계절의 옷 벗어던지고
    알몸 된 겨울나무들
    런웨이 마친 모델처럼 서 있다

    깡마른 체형
    꽃무늬 속에 가리고 숨겼던
    비정규직의 상처들
    암 덩이 같아서 꼭꼭 감쌌던 치부까지
    알몸으로 드러났다

    봄 패션으로 연두 입고
    초록 무성한 계절 퍼 날랐는데
    튼실한 열매는커녕
    팔뚝도 없는 토르소라니!

계절의 패션쇼에
홀린 듯 침 흘리던 호객들
너나없이 떠나버리고
텅 빈 쇼윈도 뚜벅뚜벅 걸어 나온
저 여자를 보라

고독한 성자로 섰다
　　　　　　　　—「나무 마네킹」 전문

　시는 채움보다 비움에 실마리가 있다. 시시콜콜 온갖 내용을 드러내느니보다 입 꾹 다물고 참아 내는 여백의 미가 중요시되는 이유다. 위 작품 「나무 마네킹」은 말의 절제가 돋보이는 작품이다. 겨울나무가 가지를 뚝뚝 끊어 내고 서 있는 모습에서 시인은 '토르소'를 떠올렸던 모양이다. 토르소란 이탈리아어로 '몸통'이라는 뜻에서 유래되었으며, 고대 그리스나 로마의 유적지에서 발굴해 낸 조각상 중 몸통만 남은 것들에서 독자적인 아름다움을 발견한 근대의 조각가들이 이를 본떠서 만들어 낸 일련의 조각들에서 시작되었다. 그렇다, 시인은 겨울나무와 쇼윈도 속의 토르소 마네킹을 병치시키며 시를 전개한다. 계절마다 옷을 갈아입고 싱싱한 아름다움으로 장식했던 나무는 겨울이 되자 이파리 다 떨어내고 알몸 신세가 되었다. 마치 "런웨이 마친 모델처럼" 서 있는 모양새라는 것. 모델들은 보통 '깡마른 체형'

이 아니던가. 시인의 눈은 섬세하고 예리하여 **뼈**만 남은 그녀의 몸에서 "꽃무늬 속에 가리고 숨겼던 / 비정규직의 상처들 / 암 덩이 같아서 꼭꼭 감쌌던 치부"까지 읽어 낸다. 이제부터 나무와 모델들은 동격이 되어 서슴없이 넘나들면서 시의 세계를 펼쳐 나간다. 나무는 "봄 패션으로 연두 입고 / 초록 무성한 계절"을 퍼 나르다가 겨울에 닿아보니 푸르던 잎, 튼실했던 열매는 모두 털리고 남은 건 "팔뚝도 없는 토르소라니!" 이 얼마나 기막힌 노릇인가. 돌이켜 생각해 보면 계절마다 성대하게 치러 낸 패션쇼에서 홀린 듯 침 흘리던 호객꾼들도 이젠 모두 떠나고 "텅 빈 쇼윈도 뚜벅뚜벅 걸어 나온 / 저 여자를 보라" 한다. 이런 극적 전환의 묘미는 쉽게 나오는 게 아니다. 시인이 의도적으로 시도한 낙차 큰 전개가 그의 문학적 역량을 유감없이 보여 주고 있음이다. 그리고 이어지는 마무리의 독립된 한 행의 시구. "고독한 성자로 섰다"를 보라. 이 또한 우리네 삶의 곡진한 세월과 연계시켜 생각할 여지도 있으니 입 꾹 다물고 말하는 시인의 문학적 역량과 시의 품격을 엿보게 한다.

> 빨간 벨벳 도톰한 꽃잎
> 아마릴리스가 긴 나팔 거두자
> 화려했던 시절도 목을 꺾고
> 사정없이 스러진다

구근의 겨울잠
화분 속에서 동안거에 들었다
박쥐, 개구리, 고슴도치……
겨울이면 저만의 동굴로 들어가
트로퍼에 빠지는데
어둠과 고요의 아늑함이랄까!

동안거족들
아무 일도 않고
몇 달 먹거나 마시지도 않은 채
수행 정진해야
다음 해 일어설 힘을 얻는다지
나도 납작 엎드려
미니 겨울잠 자고 싶다
간헐적 게으름에 빠지고 싶은 거다

봄봄 놀이동산
아마릴리스가 나팔을 분다
긴 동안거 끝낸 꽃과 사람들의 활기여
롤러코스터에서 들리는 함성 소리
아마릴리스!
너의 축제는 나에게 활력이다
　　　　　　　　—「미니 겨울잠」 전문

아마릴리스는 수선화과에 속하는 여러해살이풀이다. 멕시코가 원산지로 원예용으로 갖가지 품종들이 개발되어 세간의 많은 사랑을 받고 있다. 나팔과 같이 화려하게 펼쳤던 꽃을 보여 주다가 그의 계절이 다하면 화분 속 '구근의 겨울잠'이 동안거처럼 이어진다. 뿐이랴, 박쥐 개구리 고슴도치들도 "겨울이면 저만의 동굴로 들어가 / 트로퍼"에 빠진다는 것. 바로 이 지점에서 생소하게 느껴지는 단어 '트로퍼'를 만난다. 인터넷을 검색해 보니 개구부가 천장과 동일하게 평면으로 되어 있는 긴 매립형 조명 기구를 말한다. 그런데 이 시에서는 뜻이 조금 변형되어 사용된 듯하다. 즉 "어둠과 고요의 아늑함이랄까!" 그런 분위기에서 아주 길지 않게 이어지는 겨울잠이란 분위기로 쓰이고 있다. 미니 겨울잠 속에서 그들은 "아무 일도 않고 / 몇 달 먹거나 마시지도 않은 채 / 수행 정진해야 / 다음 해 일어설 힘을 얻는다"는 것이다. 그들의 평안한 잠을 보고 있는 화자는 "나도 납작 엎드려 / 미니 겨울잠 자고 싶다 / 간헐적 게으름에 빠지고 싶은" 생각을 하게 된다. 따지고 보면, 이 복잡다단한 세상에서 생로병사의 수레바퀴를 밀어 가며 살아가는 삶이 얼마나 힘겨운 일이던가. 동안거에 든 저 꽃 한 송이의 휴지기가 한껏 부러울 만도 하다. 그러한 휴식도 잠시 어느새 겨울잠도 깨고 "봄봄 놀이동산 / 아마릴리스가 나팔을 분다". 세상은 다시 활기를 되찾고 꽃들의 궁궐이 문을 열기 시작하는 모양새다. "롤러코스터에서 들리는 함성소리 / 아마릴리스!" 봄놀이 속 꽃들의 축제는 화자에게도 또 다른 활력으로 다가온다. 시를 다 읽고 나서도 '간헐적 게으름'이라는 표현이 너무 좋아서 두고 잊히지 않을 듯 생각된다.

눈 감고 깊은 숨 들이마시면
내 안의 샘가에 이른다
누가 매달았는지 모를 두레박줄 당겨
고요 한가득 퍼올린다

안개처럼 가벼운
고요 속에는
대지의 향기가 스며 있다

고요의 원천은 어디일까
수면 위에는 폭풍이 몰아쳐도
바닷속 심연의 골짜기,
해와 달빛도 닿지 않는다는
그 깊은 곳
어둠 속 어떤 심해어들은
스스로 빛을 낸다지
고요에 물들어 살다 보면
스스로 광명한 몸이 되는 것일까

침묵이 주는 고요함
'말 없음이 최고의 코칭'이라는데
잠시의 적막도 견디지 못해
스마트폰 속에 빠져드는 사람들
고요라는 말을 잊은 것 같다
나 또한 너무 많은 말을 하고 살았네

이른 새벽 기도 시간
내 안의 샘가에 이르러 두레박을 내린다
고요 한가득, 맑은 눈을 가진 그는
나의 친구이다

―「'고요'라는 말」 전문

  이 시 작품은 '코르넬리아 토프'의 책 『침묵이라는 무기』에서 '말 없음이 최고의 코칭'이라는 문장에서 발화했음이 자명해 보인다. 그렇지, 침묵은 고요를 실행할 수 있는 최적의 수단이다. 문제는 '고요'라는 관념을 소재로 삼아 시를 쓰려고 할 때 추상적 대상을 온전히 구체적 이미지로 보여 줄 수 있는가에 성패가 달려 있음을 상기하게 된다. 시의 도입부 "눈 감고 깊은 숨 들이마시면 / 내 안의 샘가에 이른다"에서부터 고요가 눈앞에 보이듯 하나의 이미지로 피어나기 시작한다. "누가 매달았는지 모를 두레박줄 당겨 / 고요 한가득 퍼올린다"에서 고요라는 관념을 두레박에 담아 퍼 올리는 행위로 단숨에 사물화시켜 놓았다. "안개처럼 가벼운 / 고요 속에는 / 대지의 향기가 스며 있다"는 시구에서 고요는 더욱 구체화되고 시인이 마음대로 갖고 놀 수 있는 무엇, 이미지-사물화 작업이 완성되었음을 볼 수 있다. "고요의 원천은 어디일까 / 수면 위에는 폭풍이 몰아쳐도 / 바닷속 심연의 골짜기, / 해와 달빛도 닿지 않는다는 / 그 깊은 곳"을 가만히 들여다보면 시인이 은유로 빚어 놓은 고요라는 물고기가 살고 있는데 "어둠 속 어떤 심해어들은 / 스스로 빛을 낸다"는 것. 고요라는 세계에 물들어 살다 보면 화자 또한 심해어처럼 스스로 빛을 얻게 됨은 아닐까. "침묵이 주는 고요함"에 스스로 물들어 보자. '말 없음이 최고의 코칭이라는 것'인데 그러나 현실은 자기 PR 시대가 아니던가. 세상이 그렇게 한가롭고 고요하게 나를 내버려 두지 않는다. "스마트폰 속에 빠져드는 사람들 / 고요라는 말을 잊은 것 같다"뿐이랴, 나 또한 너무 많은 말을 하고 살았던 것은 아니던가. 시는 전환과 마무리로 가면서 더욱 깊이를 더해 가며 온전한 믿음의 세계까지 확장되어 나간다. "이른 새벽 기도 시간 / 내 안의 샘가에 이르러 두레박을 내린다". 맑은 물과 함께 두레박에 실려 올라오는 고요라는 이름의 성체聖體, 이것은 현상을 넘어 구원과 평화라는 본질에 이르고 있음이다. 세상 무엇보다도 맑은 눈을 가진 고요는 누구나 살면서 꼭 함께 품고 가야 할 영원의 친구가 되어야 한다.

요즘 눈은
카톡! 카톡! 소리로 온다
핸드폰 배경이 설국으로 바뀌고
하하 호호~
메시지가 눈송이처럼 날리네

설레는 마음으로 나선 길
새하얀 나무들은 고요 속에 잠기고
순백의 비밀을 곳곳에 숨겨 놓았네

육각형의 꽃무늬 결정체,
작은 몸짓으로
꽃잎 날리듯 밤새 하늘길을 내달려
나무와 숲에 내려앉았겠지
귀에 익은 노래처럼
내 마음자리에 위로라는 말을
꼭꼭 눌러 채워 놓았네

어느새
겨울산은 물소리도 지우고

새하얀 정령들이
솜처럼 포근한 사랑으로 안내하네

숲은 여름도 눈부시더니
겨울도 지루하지 않아
나의 사계절 지도를 바꾸어 버렸네

카톡! 카톡! 눈이 왔어요
새들이 노래하다 떠난 고요 속으로
보석 같은 시가 밀고 들어오네
—「카톡으로 오는 눈」전문

'카톡으로 오는 눈'이라니! 제목부터 구미가 당기지 않는가? 일반적으로 '무의미의 시'를 추구하는 일군의 시인들은 제목을 그리 중요시하지 않는다. 의미 자체를 거추장스럽게 여기는 의도된 거리 두기 때문이라 생각된다. 특별한 실험적 사고를 염두에 두지 않는다면 제목은 그 시의 주제, 의미, 분위기, 정서… 등과 깊은 관계를 맺고 있음이 보편적이라 하겠다. 이런 경우에 제목이 그 시에서 차지하는 비중이 적지 않음은 누구나 익히 알고 있다. "요즘 눈은 / 카톡! 카톡! 소리로 온다"는 시의 도입부가 참 신선하다. 눈이 내린다는 정보를 카톡으로 공유하는 현대인들의 생활상을 현실감 있게 옮겨 놓았다. 더구나 세상 그 어떤 작품에서도 눈이 카톡! 카톡! 소리로 온다는 표현은 들어 본 적이 없으니 바로 이게 새로움이고 창조적 예술 작업이라 평가할 만하다. 이어서 "핸드폰 배경이 설국으로 바뀌고 / 하하 호호~ / 메시지가 눈송이처럼 날리네"라는 시구가 금쪽처럼 반짝이면서 따라붙는다. 화자도 눈의 축에 동참하기 위해서 "설레는 마음으로 나선 길 / 새하얀 나무들은 고요 속에 잠기고 / 순백의 비밀을 곳곳에 숨겨 놓았네", 이제부터는 눈앞의 현상이 아니라 내면의 정서와 결합된 내밀한 풍경이 전개되어 나간다. "육각형의 꽃무늬 결정체, / 작은 몸짓으로 / 꽃잎 날리듯 밤새 하늘길을 내달려 / 나무와 숲에 내려앉았겠지", 그 백설의 향연은 마치 "귀에 익은 노래처럼 / 내 마음자리에 위로라는 말을" 꼭꼭 눌러 채워 놓았으니 그토록 을씨년스럽던 겨울은 어느새 물소리도 들리지 않고 새하얀 눈의 정령들이 차지해서 "솜처럼 포근한 사랑으로" 화자를 안내한다. 이제 숲은 여름도 눈부시고 겨울도 지루하지 않게 되었으니 "사계절 지도를 바꾸어 버렸네"라고 노래해도 무방하게 되었다. 여기서 감동의 끝이 아니다. "카톡! 카톡! 눈이 왔어요 / 새들이 노래하다 떠난 고요 속으로 / 보석 같은 시가 밀고" 들어온다는 것. 이런 완벽한 결구의 감동을 어디서 맛볼 것인가. 이런 시는 머리가 아니고 가슴에 새겨 둘 일이다. 두고 잊히지 않을 듯하다.

동백꽃 피었다

가만히 들여다보니
송이송이 퍼즐처럼 맞춰진 꽃잎 속에

내달려오는 봄의 발걸음이 보인다
꽃의 성정이 같아서일까
복수초, 진달래가 뛰어오는 것도 보인다

나이가 들어갈수록
미리 정해진 퍼즐 맞추듯
달라지는 내 얼굴
가족들의 모습이 한 피스, 두 피스
조각되어 채워지고 있다

한 뿌리에서 솟아
함께 피고 지는 세상의 꽃들
수많은 수맥들로 연결된 퍼즐 조각 속에
꽃이 있고 우리의 봄이 있고
슬픔과 기쁨도 함께했던 꿈같은 세월이 있다

올해도
만개한 동백꽃들 날아갈 듯 원을 그리고
새 떼처럼 올라오는 어린 봉오리들
함께 퍼즐을 완성해간다

세월의 가지 위에 앉혀놓을
동박새 퍼즐 하나 들고

나도 슬며시 새봄 속으로 끼어든다
　　　　　　　　　　―「퍼즐 맞추기」 전문

「퍼즐 맞추기」라고? 제목부터 참 유희적이고 신선감이 있다. 이러한 소재의 의외성이 독자의 구미를 당기고 시 읽기의 흥미를 유발한다. "송이송이 퍼즐처럼 맞춰진 꽃잎 속에 / 내달려오는 봄의 발걸음이 보인다"는 것. 그러니까 동백꽃이라는 퍼즐을 맞춰 보니 봄이 보이고 "꽃의 성정이 같아서일까 / 복수초, 진달래가 뛰어오는 것도 보인다". 이게 바로 시인의 감성이다. 시를 엮어 가는 연결 고리가 자연스럽고 그 흐름에 막힘이 없다. 이렇듯 독자의 흥미를 유발시키고는 시침 뚝 뗀 채 시의 전개는 방향을 바꾼다. "나이가 들어갈수록 / 미리 정해진 퍼즐 맞추듯 / 달라지는 내 얼굴 / 가족들의 모습이 한 피스, 두 피스 / 조각되어 채워지고 있다". 꽃에서 나로, 가족으로 이어지는 퍼즐 조각들. 다시 짚어 볼수록 참 기막힌 반전이고 전개가 아니던가. "한 뿌리에서 솟아 / 함께 피고 지는 세상의 꽃들"의 수맥처럼 우리는 가족이라는 뿌리로 이어져 있다. 삶과 인연의 끈으로 연결된 퍼즐 조각 속에 "꽃이 있고 우리의 봄이 있고 / 슬픔과 기쁨도 함께했던 꿈같은 세월이 있다". 올해도 만개한 동백꽃과 "새 떼처럼 올라오는 어린 봉오리들"이 봄이라는 퍼즐을 완성시켜 나간다. 이렇듯 동백꽃의 자연현상을 봄에 녹여 놓은 것만으로도 서정시의 정수라

할 수 있겠지만 시가 자연의 현상만을 노래한다면 무언가 밋밋하다. 현상을 넘어선 본질의 문제가 있어야 깊이가 획득된다는 말이다. 그래서 전환과 마무리는 내 삶 속으로 이어지는데 "세월의 가지 위에 앉혀놓을 / 동박새 퍼즐 하나 들고 / 나도 슬며시 새봄 속으로" 끼어드는 것이다.

지난밤 꿈
슬픔을 접어 세탁기에 넣었다
세제 두 스푼
장미 향 유연제 넣고 버튼 누르자
슬픔 언저리
얼룩진 마음에 불던 바람
윙윙 소리 내며 돌아간다

자동세탁 매뉴얼 따라
땀과 얼룩 눈물들
물 폭탄 퍼붓고 씻어 내린다

세탁 종료 알리는 벨 소리
눈부신 햇살과 함께 빨랫줄을 타고 오른다
언제 젖은 몸이었나 싶게 말라가며
슬픔이 빠져나간다

세탁기처럼
내 인생에 적용할 설명서는 없을까
한마디로 말할 수 없는
삶의 복합성

'Dream 세탁기'
버튼 하나로 해결되는 인공지능
내 마음자리에 한 대 들여놓으련다
— 「세탁기 사용설명서」 전문

　시는 직관적 사유의 산물이다. 물론 그 직관이라는 게 하늘에서 뚝 떨어진 무엇이 아니고 경험과 지식의 연장선 위에서 상상력으로 조합되어 은유로 그려진다. 위 시 작품의 도입부를 읽어 보자. "지난밤 꿈 / 슬픔을 접어 세탁기에 넣었다" 이 문장이 시에 쓰인 게 아니라면 도저히 납득할 수 없는 非文이라 여겨질 것이다. 그러나 위 시에서는 꿈, 슬픔이라는 관념이 사물화되어 작동되므로 오히려 신선한 맛을 더해 준다. 시에서는 관념적인 세계가 얼마든지 사물화되고 이미지화되어 일반적인 물건처럼 통용될 수 있는 지평이 허용되기 때문이다. 현대인들은 번거롭게 빨고 삶고 짤 필요가 없이 세탁기 사용설명서를 잘 읽고 제대로 버튼만 누르면 세탁 끝! "자동세탁 매뉴얼 따라 / 땀과 얼룩 눈물들 / 물 폭탄 퍼붓고 씻어 내린다". 어찌 보면 만나고 헤어지는 일을 밥 먹듯 반복하는 요즘의 세태를 살짝 꼬집는 듯도 보인다. 세탁기를 돌리다가 화자는 생각한다. "세탁기처럼 / 내 인생에 적용할 설명서는 없을까". 그렇게만 된다면 복마전처럼 풀기 어려운 인생의 숙제가 단숨에 풀릴 듯하다. 그러나 삶이란 본래 "한마디로 말할 수 없는 / 삶의 복합성"으로 그 의미를 갖는 것. 그러나 화자는 반대의 결론을 내린다. 'Dream 세탁기' 버튼 하나로 모든 게 해결되는 인공지능까지 갖춘 꿈의 세탁기를 내 마음자리에 한 대 들여놓겠다는 야무진 생각을 하는 거다.

> 물음표는 누가 만들었을까?
> 나는 마음속 질문을 제대로 꺼내 놓는가?
> 질문이 없는 건 모두 알고 있다는 뜻인가?
> 질문을 많이 하면 치매에 안 걸릴까?
> 질문 뒤에는 꼭 답을 들어야 할까?
>
> 물음표를 펴면 느낌표라니!
> 답을 찾으면 기뻐하며
> 구부러진 것을 곧게 폈으리라는 상상
> 질문과 답,
> 둘의 간극은 멀고도 가까운 것
> 부부 사이인가 이웃사촌 사이인가?
> 스승과 제자 사이인가?

누구나 태어나면서
한가득 갖고 나온 물음표
너무 아끼지는 말아야지
백화점 쇼윈도 눈부신 봄옷들
신상들이 느낌표가 되어 판치고 있네
구부린 것을 펴는 게
삶이고 기쁨이라며 기호가 답하네
─「물음표(?)를 펴면 느낌표(!)」 전문

바야흐로 AI 시대가 도래했다. 인공지능이 생활화된 사회에서는 무엇보다 질문이 중요하다. 온전한 질문을 던져야 완전한 답이 나온다는 것. 그러므로 인공지능 시대를 살아가는 우리에게 질문의 힘은 그 중요성이 더욱 커졌다. 바로 이 지점에서 시인은 "물음표(?)를 펴면 느낌표(!)"라는 귀한 은유를 얻었을 것으로 짐작되는데 오감을 깨우는 물음표라야 느낌표라는 답을 나오게 한다는 뜻이 내장되어 있다. 시는 은유라 하지 않았던가. 시 속으로 들어가 보자. 「물음표(?)를 펴면 느낌표(!)」라니. 참 기발한 발상이다. 문장부호 중의 하나인 물음표(?)를 위아래로 잡아당겨서 펴면 느낌표(!)가 된다는 현상을 누가 생각이나 했겠는가. 시인으로서 세상 그 누구도 발견하지 못한 이런 고급의 은유를 탄생시킨다는 것은 얼마나 큰 축복인가. 시의 제목만으로도 이미 빛나는 시 작품이 탄생될 여지가 충분히 예견된다.

"물음표는 누가 만들었을까? / 나는 마음속 질문을 제대로 꺼내 놓는가? / 질문이 없는 건 모두 알고 있다는 뜻인가? / 질문을 많이 하면 치매에 안 걸릴까? / 질문 뒤에는 꼭 답을 들어야 할까?" 화자의 생활 속 질문들이 속속들이 터져 나온다. 그런데 질문의 답을 듣는 게 아니고 엉뚱한 방향으로 시가 전개되어 더욱 흥미를 자아낸다. "물음표를 펴면 느낌표라니! / 답을 찾으면 기뻐하며 / 구부러진 것을 곧게 폈으리라는 상상"에까지 닿은 것이다. 무릎을 탁, 칠 일이 아닌가. 이 얼마나 멋진 반전이고 탁월한 상상력인가 말이다. 그리고 이어지는 시구가 자연스럽다 못해 능청스럽기까지 하다. "질문과 답, / 둘의 간극은 멀고도 가까운 것 / 부부 사이인가 이웃사촌 사이인가? / 스승과 제자 사이인가?" 여기부터는 전환과 마무리, "누구나 태어나면서 / 한 가득 갖고 나온 물음표 / 너무 아끼지는 말아야지"는 얼마나 절묘하게 짜였는지 감탄사를 자아낸다. 그래, 우리는 각자 세상을 향해 많은 질문을 던지고 답을 듣는다. 다시 언급하지만 바야흐로 인류는 인공지능 시대를 맞았다. 질문이 힘이고 우리의 생활을 업그레이드시킨다는 사실을 잊지 말아야 한다. "백화점 쇼윈도 눈부신 봄옷들 / 신상들이 느낌표가 되어 판치고 있네 / 구부린 것을 펴는 게 / 삶이고 기쁨이라며" 슬며시 눙치는 느낌표(!)가 참말로 천연덕스럽다.

백조가 우아하게 헤엄치는 것은
물속에서의 쉼 없는 발질 때문이다
겉으로는 평안해 보이지만
샛별 보며 달리다가 과부하 된 사람들
극도의 피로감, 그 한계점에서
폐사지 바람처럼 스러지는 것 여럿 보았다

배터리 충전하듯
침대 한구석에서 뒹굴뒹굴
게을러져야 다시 에너지가 살아난다는데
근면하라, 더 부지런하라
성공의 열쇠라도 되는 듯 외쳐대지만
쉼이 주는 불변의 법칙
사이버 로핑*을 아시는지

느긋하게 게으름 한 보따리 풀어놓은
틈새
강아지풀이 바람에 흔들리는 것,
잠자리가 풀잎에 앉는 작은 몸놀림에서
생의 비의秘義를 읽는다네

백조 한 마리
물가에서 나와 게으름 피우더니

다시 하얀 날개 펼치고
호수에서 우아하게 발레를 시작한다

핸드폰 화면에서의 아이-서핑(i-surfing)
내 간헐적 게으름으로
에너지를 재충전하고 있음이다
　　　　—「간헐적 게으름에 대한 짧은 변명」 전문

　모처럼 대형 서점에 들르면 이름도 생소한 시인들의 많은 시집을 만나게 된다. 어떤 시집을 고를까 망설이게 될 때, 이런 방법을 적용해 보면 크게 실패하지는 않으리라 생각된다. 시집 중 가장 먼저 '시인의 말'을 펼쳐 보자. 시집을 발간하는 시인의 마음이 진솔하게 담겨 있는지를 살피는 일인데 군더더기 없이 간결하면서도 깊은 인상을 준다면 시 작품 역시 이와 다르지 않을 것을 예견할 수 있다. 이어서 '목차'를 훑어보시라. 시 제목만 읽어 봐도 대충 이 시집의 참신성이나 문학적 성취도를 읽어 낼 수 있기 때문이다. 다음은 짧은 시 3편쯤 골라 읽어 보고 나와 코드가 맞는지 판단하고 마음을 결정한다면 무난한 시집 선택이 될 것이다. 위의 시 작품「간헐적 게으름에 대한 짧은 변명」은 제목만 봐도 예사롭지 않다. 이런 참신한 시제를 얻기 위해 시인은 얼마나 많은 궁리를 하고 애썼는지 단번에 읽힌다. 도입부는 편안한 풍경의 묘사로 시작된다. "백조가 우아하게 헤엄치는 것은 / 물속에서의 쉼 없는 발질 때문이다". 그렇다, 물 위를 평화롭게 떠다니는 백조, 그 모습만 보아서는 더할 수 없는 평화로움이다. 그러나 이런 평안을 맛보기 위해 물 밑에서는 쉼 없는 노동이 받쳐 주고 있음을 아시는지. "겉으로는 평안해 보이지만 / 샛별 보며 달리다가 과부하 된 사람들 / 극도의 피로감, 그 한계점에서 / 폐사지 바람처럼 스러지는 것 여럿 보았다". 요즘은 저녁에 주문해도 새벽에 도착하는 식자재들이 많다. 이런 속도전의 편리함 이면에는 얼마나 많은 수고로움이 따르는지. 근간에도 새벽 배송하던 노동자의 순직 사고로 세간의 떠들썩한 뉴스가 우리를 아프게 하지 않았던가. 그러니 팽팽히 조였던 나사를 풀고 쉬어 가자는 것. "배터리 충전하듯 / 침대 한 구석에서 뒹굴뒹굴 / 게을러져야 다시 에너지가 살아난다는데" 그러함에도 아직 그 옛날 묵은 구호는 살아서 "근면하라, 더 부지런하라"이다. 그것이 마치 "성공의 열쇠라도 되는 듯 외쳐대지만" 지금 우리가 해야 할 일은 나무에 기대어 쉬고 있는 모습의 한자 休, 휴식이 필요하다. 그래서 말한다. "행복감을 유지하고 일에 집중하기 위해 뇌가 쉬는 시간" 즉 사이버 로핑이 필요하다는 것. 이를 증명이라도 하려는 듯 화자는 "느긋하게 게으름 한 보따리 풀어놓은 / 틈새 / 강아지풀이 바람에 흔들리는 것, / 잠자리가 풀잎에 앉는 작은 몸놀림에서" 삶의 비밀스러운 의미를 찾고 있다. 이 시의 오브제인 백조도 휴식의 의미를 알았다는 듯 "물가에서 나와 게으름 피우더니 / 다시 하얀 날개 펼치고 / 호수에서 우아하게 발레를 시작한다". 우리도 간헐적 게으름을 피워 삶의 생기를 보존해 보자.

옷장에 한두 벌쯤 쟁여있는 청바지.

그의 매력이 무엇이기에 동서양, 지위 고하, 나이 불문, 남녀노소 막론하고 한 고리에 꿰었을까.

나는 그 원초의 지점으로 달려가려고 청바지에 내 다리를 꿰어 넣는다.

염료를 잘못 넣어 못쓰게 된 청색 텐트 천이 청바지의 시작이라지.

발상의 전환! 실수로 된장에 빠뜨린 돼지고기가 어느 음식점의 명품 메뉴가 되었다니.

인생에도 가끔 이런 반전이 찾아온다네.

나 또한 눈이 내리던 어느 날 버스 안에서 끄적인 낙서 속 그 몇 구절의 문장이 친구 눈에 띄어 시의 세계에 코 꿰고 말았네.

스트레이트진, 스키니진, 하이웨이스트진… 끊임없는 변신 속에 이백 년 가까이 살아낸 『청바지 인류학』 책 한 권이 되었네.

나, 옷장 속 청바지를 깨우리라. 통키타 들고 해변으로 산으로 내달리던 나의 20대 그 젊음을 소환하겠다.
―「청바지 인류학」 전문

오늘날 최고로 꼽히는 의류는 단연 청바지일 것이다. 청바지에는 '오무주의五無主義'라는 사상이 배어 있다고 한다. '계급, 연령, 계절, 성별, 국경의 구별이 없이 세상의 모든 사람이 편하게 입을 수 있는 옷'이란 뜻이다. 청바지는 1873년 제작 특허를 받은 후 현재까지 35억 장 이상이 팔렸고 지금도 이념을 넘어 세상 사람들에게 가장 사랑받는 옷이 되었다. 이런 역사적 배경을 보면 '청바지 인류학'이란 말의 출현도 억지스럽지 않고 신선하다. 누구나 옷장에 한두 벌쯤 쟁여 있는 청바지. '그 어떤 매력이 인류에게 청바지를 입게 했을까'라는 의문이 자연스럽게 끼어들 만도 한데 위 시에서는 "남녀노소 막론하고 한 고리에 꿰었을까." 라고 전개한다. '입게 했을까'라는 일반적이고 설명적인 표현 대신에 '한 고리에 꿰었을까.'라고 썼다. 바로 이런 표현이 좋은 시를 쓰는 비결이다. 의미만 전달하는 게 아니라 적정한 은유(고리)를 활용해서 이미지까지 보여 주는 시구를 쓰도록 하자는 말이다. 청바지를 입는다는 표현을 "나는 그 원초의 지점으로 달려가려고 청바지에 내 다리를 꿰어 넣는다."라고 썼다. '원초의 지점' 참 신선하고 매력적인 말이 입에 착착 달라붙는다. 못 쓰게 된 천막에서 발상의 전환으로 재탄생한 것이 청바지이고 "실수로 된장에 빠뜨린 돼지고기가 어느 음식점의 명품 메뉴가 되었다"는 것. 그러하니, "인생에도 가끔 이런 반전이 찾아온다" 하더니 화자에게도 야릇한 반전이 찾아왔다. "나 또한 눈이 내리던 어느 날 버스 안에서 끄적인 낙서 속 그 몇 구절의 문장이 친구 눈에 띄어 시의 세계에 코 꿰고 말았네." 아하, 이렇게 시인이 될 수도 있겠구나 하는 생각에 웃음이 나오려 한다. 시 읽는 재미를 한결 돋구는 문장이다. "스트레이트진, 스키니진, 하이웨이스트진…" 청바지도 진화하고 끝없이 변신을 시도한다. 화자 또한 전진하면서 변신과 전진을 꿈꾼다. "나, 옷장 속 청바지를 깨우리라. 통키타 들고 해변으로 산으로 내달리던 나의 20대 그 젊음을 소환하겠다." 블루진처럼 풋풋한 시 한 편을 재미있게 읽었다.

시는 긴장과 이완의 교차가 필수 덕목이다. 적당히 당겼다가 놓고 다시 조여들어 가는 맛에 독자가 시를 읽게 된다. 그러나 그런 완벽한 세계에 닿는 시는 그냥 나오지 않는다. 어쩌면 일생을 기다릴 수도 있다. 꿀벌은 필생의 사업이 꿀을 따고 모으는 일이다. 지상 과제인 꿀 따기에 방해가 되는 요소가 있다면 제 몸에 장착한 침을 쏘고 죽기까지 마다하지 않는다. 시어는 그렇게 모아야 하고 시는 그렇게 써야 한다는 말이다. 진정한 시인으로서의 詩業이란 이렇듯 지난한 일임에도, 위로는 구순이 넘으신 부모님을 잘 보필하고 아내이면서 어머니, 할머니 역할까지 어느 것 하나 쉽지 않은 일이련만 이 모든 관계의 고리를 슬기롭게 잇고 좋은 가정을 꾸려 가면서 틈틈이 쓴 시 작품들. 지금까지 한해경 시인이 준비한 시의 식탁에서 몇 가지 음식을 골라 맛보았다. 달고 맵고 시고 짠맛이 어우러져 어느 곳에서도 쉽게 맛볼 수 없는 특유의 시 세계가 놀랍고 부럽기까지 하다. 우리나라의 원조 수의사였던 부친의 쾌유를 빌며 쓴 눈물의 시 한 편을 읽으며 해설을 접는다.

복숭아 계절

치매 병동의 아버지
과즙 많은 수밀도보다
씹을 때 사각거리는 복숭아를 좋아하시네

모든 게 분명하고
딱딱 맞아떨어지던 아버지
집 떠나신 지 일 년여
어느새 맛 좋고 향기 좋은

복숭아 계절이 다시 돌아왔네

나의 보호막
아버지는 벽이었지
비바람 치고 천둥 번개에도
당신의 그림자 밑에서는
걱정이 되지 않았어
내가 속 끓여서 균열이 생겨도
끄떡없이 든든히 지켜주던
아버지의 세계
오늘은 치매 병동,
콘크리트 사각 방에 갇혀
치매와 벗하고 계시네

"집에 가자" 하지만
밀어도 꼼짝 않는
벽, 이제 귀도 잘 들리지 않고
사랑했던 이름들도
하나둘씩 입술에서 멀어지네

그늘조차 사랑이었던 나의 벽
두 번째 복숭아의 계절이 시작되고 있네

한해경 두 번째 시집

나무 마네킹

초판 발행일 2024년 5월 30일

지은이 한해경
펴낸이 임만호
펴낸곳 창조문예사
등 록 제16-2770호(2002. 7. 23)
주 소 서울 강남구 선릉로112길 36(삼성동) 창조빌딩 3F (우 : 06097)
전 화 02) 544-3468~9
F A X 02) 511-3920
E-mail holybooks@naver.com

책임편집 김종욱
디자인 이선애
제 작 임성암
관 리 양영주

ISBN 979-11-91797-49-7 03810
정 가 12,000원

※ 잘못된 책은 바꾸어 드립니다.